就実大学 グローカルブック

トランプ政権と日米関係

就実大学 経営学部 編

GLOCAL BOOK

トランプ政権と日米関係

就実大学経営学部編

本書は、２０１７年9月22日（金）、ＡＮＡクラウンプラザホテル（岡山市北区駅元町）で開催されたグレン・Ｓ・フクシマ特別講演会「トランプ政権と日米関係」（岡山経済同友会と就実大学経営学部の共催）を収録しています。

トランプ政権と日米関係

目　次

開会のあいさつ……………… 5
杉山慎策（就実大学副学長兼経営学部長）
開会の辞……………… 6
松田　久（岡山経済同友会代表幹事）
講師紹介……………… 7
杉山慎策（就実大学副学長兼経営学部長）
特別講演会
トランプ政権と日米関係……………… 9
グレン・S・フクシマ（元在日米国商工会議所会頭・元米国大統領府通商代表部通商代表補代理）
閉会のあいさつ……………… 46
松田正己（岡山経済同友会代表幹事）

開会のあいさつ

就実大学副学長兼経営学部長　杉山　慎策

今回のグレン・S・フクシマ氏による特別講演会は、今回岡山経済同友会と就実大学経営学部との共催ということで開催させていただきます。司会を仰せ付かっております就実大学経営学部の杉山です。どうぞよろしくお願い致します。

まず、経済同友会の代表幹事であります松田久様に、開会の辞をお願いしたいと思います。

開会の辞

岡山経済同友会代表幹事　松田　久

皆さん、こんにちは。今日は、ようこそおいでいただきまして、ありがとうございます。グレン・S・フクシマさんに今日はおいでいただきまして、今皆さん方が一番知りたいと思っていらっしゃるテーマについてご講演いただきます。どういう話になるか大変楽しみなところでございます。経済的にも政治的にも非常に不穏なムードの中で昨今は過ごしており、近々では北朝鮮の動きも大変気になるところで、おそらくそのことについても触れられるのではないかと思います。

今日は咲江夫人にもお越しいただいておりますので、ご紹介申し上げます。咲江夫人には、2年ほど前に経済同友会の朝の幹事会においでいただき、ダイバーシティの話をお伺いしたことは記憶に新しいことですけれども、今日は世界が誇る鋭才のお二人にご夫妻でおいでいただいておりますので、お楽しみいただきたいと思います。

講師紹介

就実大学副学長兼経営学部長　杉山　慎策

それでは、今日の講師であるグレン・S・フクシマ氏をご紹介させていただきます。

グレン・S・フクシマ氏は、スタンフォード大学でB．A．を取得された後、ハーバード大学大学院でM．A．を取得され、同大学院でPh．D．の課程を論文を除いてすべて修了されていらっしゃいます。併せて、ハーバード・ビジネス・スクールとハーバード・ロー・スクールのJ．D．のコースを修了されている鋭才で、先ほど松田社長さんからお話がありましたけれども、奥さまと合わせたIQは、たぶん5～6人分ぐらいになるのではないかと思います。

グレン・S・フクシマさんはハーバード在学中に『孤独な群衆』のディヴィッド・リースマン、『ジャパン・アズ・ナンバーワン』のエズラ・ヴォーゲルさん、駐日大使をされておられたエドウィン・ライシャーワー各教授の助手を務めておられます。日本にいらっしゃる前は、米国大統領府通商代表部におられまして、日本との貿易交渉を担当されていらっしゃいました。その後に日本にいらっしゃって、AT&Tの代表になられたわけですが、実は個人的な話をさせていただきますと、当時から私はフクシマさんと親しくさせていただいておりました。私が1994年に日本経済新聞社から『愛しのイギリス』という本を出したのですが、その出版記念パーティーをイギリス大使館で開いた際にわざわざお越しいただいて、お祝いのスピーチをいただいた記憶がございます。また、1995年には、誰もが予想していなかった出井さんがソニーの社長になるということで、フクシマさんご夫妻とご一緒に、出井さんご夫妻とお祝い会をしたということもございました。

フクシマさんは、実はヒラリー・クリントン氏の選挙にも深くかかわっていらっしゃって、私ども友人の間では、クリントンさんが大統領になると、少なくともフクシマさんが駐日大使になられるのではないかと噂をしておりましたが、ご承知のようにトランプ政権が誕生したということで、その夢は実現しませんでした。そのあたりの話を今日はお伺いすることができるのではないかと思っております。

実は昨年、同じような形で岡山ＥＵ協会と共催で、イギリスの駐日大使であったデイビッド・ウォレン卿にご講演をお願いしました。なぜイギリスが「ブレグジット（Brexit）」でＥＵから離脱するのかというお話をしていただきました。その時に彼は「やはり選挙でそう決まったのなら、多数の人がそういう選択をした。それが民主主義なんだ。それは否定されるものではない」と言っていましたが、同じようにトランプ氏もルールに基づいて大統領として選ばれたのだろうと思います。

チャーチルが残した名言に、「民主主義というのは今までトライされた政府の中で最も悪い形の形態である」というものがありますが、民主主義より優れた制度というものはなく、私たちはこの中でどう生きていくのかを考えていかなくてはいけないだろうと思っております。

本日の講演のタイトルは「トランプ政権と日米関係」ということで、大変ホットなテーマでございます。最後に10分ぐらいは質疑応答の時間を取りたいと思っております。それではフクシマさんよろしくお願いいたします。

特別講演会

トランプ政権と日米関係

グレン・S・フクシマ
（元在日米国商工会議所会頭・元米国大統領府通商代表部通商代表補代理）

グレン・S・フクシマ（GLEN S. FUKUSHIMA）

米国先端政策研究所上級研究員（Senior Fellow, Center for American Progress）、元在日米国商工会議所会頭、元米国大統領府通商代表部通商代表補代理（日本・中国担当）。


カリフォルニア州出身の日系三世（1949年9月9日生まれ）。慶応大学（1971-72年）留学、フルブライト研究員として東京大学法学部（1982-84年）での研究ならびに、英字新聞社、国際法律事務所での勤務を含め日本には20年以上滞在。

外交評議会委員、アジア・ソサェティ（ニューヨーク）国際審議委員、ボストン日米協会理事、北カリフォルニア日米協会理事、全米日系人博物館幹事、米日カウンシル評議員、経済同友会幹事、東京ロータリークラブ会員、慶應義塾大学特選塾員、米国国立肖像画美術館理事などを歴任。

著書には『日米経済摩擦の政治学』朝日新聞社（1992年）第九回大平正芳賞受賞（1993年）、『変わるアメリカ・変わるか日本』世界文化社（1993年）と『2001年、日本は必ずよみがえる』文芸春秋（1999年）などがある。

「トランプ政権と日米関係」というテーマで話をさせていただくのですが、前もって2、3点ほどお許し願いたい点があります。

第一点は言葉ですが、私はアメリカ国籍の日系三世ですから、母国語は英語です。本来でしたら、母国語の英語のほうが簡潔にそして的確に話ができるわけなのですが、本日は「郷に入ったら郷に従え」という精神で、つたない日本語で話をさせていただきます。ただ、母国語の英語で話をすると、今日の話よりも倍ぐらい良い話ができるということを申し上げておきたいと思います。

二点目は視点ですが、先ほどご紹介いただきましたように、私は2015年～16年にはヒラリー・クリントン氏のアジア政策部会のメンバーとして、特にアジア政策に関してクリントンさんにいろいろな助言をしてきた人間として、今回のトランプ政権については、はたしてどれだけ客観的に話ができるかということではちょっと自信がないのですが、皆さんご存じのように、アメリカはいま大変分断されておりますので、アメリカの政治を客観的に見る人がはたしているのかどうかということを疑問に思うぐらいです。

三点目は、私は今アメリカのワシントンにある米国先端政策研究所というところで研究をしているわけですが、今日の話はあくまでも私個人の視点に基づいてお話をしたいと考えています。

オバマ政権時代の日米関係

トランプ政権の日米関係を理解するためには、やはり背景として、トランプ政権の前のオバマ政権の8年間の外交政策から話を始めたいと思います。簡単に申しますと、8年間のオバマ政権の対日関係というのはいろいろな評価はあると思いますが、一般的に見ますと、私はこの2009年からの8年間の日米関係はいい方向に動いていたのではないかと思います。この8年間のオバマ政権の間に、日本の総理大臣は実は5人いたわけです。最初は麻生政権、その後に鳩山政権、菅政権、野田政権、そして安倍政権ということですが、とくにオバマ政権の一期目では、毎年総理大臣が替わったということなのですが、2012年の12月からは安倍政権ということで、オバマ政権の最後の4年間というものは、日本の総理大臣は一人でした。そういう意味では、大統領と総理大臣の関係も信頼関係が相当にできたのではないかと思います。

オバマ政権が誕生してから1年足らずの2009年の11月13日に、シンガポールのAPECの会合に行く途中、オバマ大統領が東京に寄りまして、東京のサントリーホールで講演をしました。そのときに、私も妻と一緒に聞きに行ったわけですが、オバマ大統領の講演で「私はアメリカの初めての太平洋向きの大統領だ」ということを宣言したのです。まさに彼はハワイで生まれ育って、インドネシアでも何年か育ったし、また大学も実は最初の1、2年目は、ロサンゼルスにあるオクシデンタル大学というところに行きました。その後にコロンビア大学に移ったわけですが、20歳の時までの20年間というのは、太平洋と関係のある環境で育った人間であるということで、彼は個人的にも太平洋側のアジアのことを重視していることを強調しました。実際に彼が大統領になってからは、「アジアピボット」（アジア重視政策）というかたちで、もともとはアメリカは伝統的に中東やヨーロッパに向いていたのが、むしろアジアに注目するということです。オバマ政権の一期目は、ヒラリー・クリントン氏が国務長官を務めていたということもあって、彼女が２０１１年10月の『フォーン・ポリシー』という雑誌に掲載した記事で「アジアピボット」というのはどういうことか」ということの説明をしているわけなんですが、その中に6つの優先課題を述べています。

それが、ここに英語で書いてありますが、一つは同盟関係を強化する、特に、日本、あるいは韓国との同盟関係を強化すること。二つ目は、台頭しているアジアの国との関係を強化すること。これは、特に中国、インド、インドネシアのことを示しています。三つ目は経済の関係をアジアと強化することです。オバマ政権にとって、特にこれはＴＰＰを中心に考えるということが言えると思います。四番目は、多国間、あるいは地域間の組織との関係強化です。これはＡＰＥＣとかＡＳＥＡＮとかいつくかアジアにおけるそういう組織との関係強化です。五番目は同盟関係のほかにもっと広い意味でのアメリカのアジアにおける安全保障のプレゼンスを強化

することです。例えば、これはオーストラリアとの関係、インドとの関係で安全保障の関係を構築することです。最後に、民主主義、あるいは人権問題、特に北朝鮮、あるいはビルマ、ベトナムにおいてのことだと思います。こういう六つの優先課題というのを、当時の国務長官であったヒラリー・クリントン氏がその記事に書いたのです。

実際にオバマ政権の一期目は、アジアに関する関心度、あるいは注目度が高まったということが言えると思います。二期目になってからは、残念ながらシリアやリビアとかロシア、中東などアジア以外の地域における問題がかなり深刻になり、その他にも人事の面でも国務長官がクリントン氏からケリー長官になったとか、あるいは国家安全保障会議の議長がトム・ドニロンという人から、スーザン・ライスという人に替わったということもありまして、二期目のオバマ政権というのは、一期目ほどアジア重視の政権ではなかったと言えると思います。しかし、全体からいうと、アジアに関しては、前の政権よりはかなり注目度が高まり、資源も投入していたと言えるかと思います。

二期目の安倍政権が誕生した２０１２年の12月、私がワシントンに戻ったのは２０１２年の秋で、そのときはまだ日本は民主党政権の時でしたが、12月に安倍政権が誕生してからは、オバマ政権としては日本に関して三つの課題について最も関心を示していました。一つ目は「経済」です。特にアベノミクスによって「三本の矢」がどういう形で進展するかということで、これは日本の「国内経済」について、一つは、アメリカと日本の関係のことを考える、特にＴＰＰをどうもっていくかという、この二つの課題は経済においての最優先課題だとオバマ政権は言っていたと思います。

そして二つ目の課題としては、「安全保障」、特に二期目の安倍政権になってから、日本の防衛予算の増加や新しい防衛戦略を展開する、あるいはＮＳＣの設立、あるいは特定秘密保護法とか集団的自衛権の課題、安保法案など、こういういくつかの安全保障上の問題が安倍政権の強化に関しての課題となるかと思います。一般的に見ますと、オバマ政権というのはこれを支持して、この他にも日米の安全保障条約のガイドラインの見直し、こういうことも含めて安全保障政策上、非常にオバマ政権と安倍政権は緊密に一緒に仕事をしたということが言えると思います。

三つ目の課題としては「歴史問題」で、これはアメリカから見ますと、特に北朝鮮問題を考えると、アメリカと韓国と日本、この三カ国が協力をして政策を実行する必要がある中で、日本と韓国の関係が靖国問題や慰安婦問題が悪化する場合、特にアメリカと韓国の関係、あるいはアメリカと日本の関係は非常にいいとしても、韓国と日本の関係がギクシャクしている場合は、やはり三カ国の関係が必ずしもうまくいかないという懸念のもとで、歴史問題ということに注目したわけなんですが、これもオバマ政権の８年の間に、２０１３年の安倍総理の靖国参拝の時が、もっともアメリカ側の懸念が高まった時です。それからは戦後70周年の総理談話、あるいは、オバマ大統領の広島訪問、あるいは安倍総理の真珠湾訪問といった過程を経て、オバマ政権が終了した今年２０１７年の1月の時点を見ますと、日米関係は経済面でも安全保障面でも、あるいは歴史認識の面でも非常にいい方向に行っていたということが言えると思います。特に最後の点で一つ言い忘れたことは、２０１５年の12月28日の日本と韓国との間の慰安婦問題に関する点で、一応の合意はあったということです。これもアメリカとしては大変評価しています。

ですから、私はオバマ政権の最後の状況を見て、これから、もしヒラリー・クリントン氏が大統領選挙に勝っていたら、彼女がこれを継承して、彼女もオバマ政権の一期目は国務長官を務めていたので、そういう意味では、基本的にはオバマ政権がそれまで遂行していたアジア政策をそのまま続けたと思います。ただ、たぶんいくつかは違いはあったとは思います。先ほど申しましたように、選挙キャンペーン中、私はクリントン候補のアジア政策部会で仕事をしていたので、そこで見たことは、やはり北朝鮮の問題に関しては、オバマ政権よりは、たぶん能動的な行動をクリントン政権はとったと思います。オバマ政権の北朝鮮政策というのは、どちらかというと受け身で、世界から見て特にいい進展はなかった。むしろ北朝鮮が核開発やミサイル開発をしていたということに、２０１６年の選挙のキャンペーン中、クリントン陣営は非常に懸念をしていました。ですから、北朝鮮に対する政策を見直すことは間違いないと考えていました。

もう一つは中国です。中国政策もオバマ大統領は、特に就任直後は中国に対してわりに寛大といいますか、中国との関係を強化し改善することを希望して、中国に対しては融和的態度を示していたわけです。それから数年経ってから、やはりアメリカが期待しているほど中国が改革もしないというように気がついて、途中から軌道修正したのですが、クリントン候補は昔からけっこう中国に対しては厳しい姿勢を取っていて、特に人権問題とかいろいろな面で中国に対してはオバマ大統領よりは厳しい姿勢を取っていましたから、大統領の選挙キャンペーン中も、私の周りでアメリカ人のビジネスマンで上海や北京で仕事をしている人たちの話を聞くと、やはり中国の中ではクリントン候補よりはトランプ候補を好むと言う人が多いのです。なぜかというと、トランプ候補というのはビジネスマンであるし、イデオロギー的に中国に対しては反感を持っていないんではないかと。クリントン候補というのは非常に信念や理念に基づいて、人権問題も含めて中国に対して厳しいというふうに見られていたと聞いていましたが、たぶんそれは事実ではないかと思います。

ですから、北朝鮮と中国政策に関しては、オバマ政権よりは厳しい態度をとったと思いますが、日本との関係のことを考えると、私はオバマ政権の末期の時期からさらに発展して、もっと関係強化し、良い方向にもっていこうというふうにクリントン政権は努力したのではないかと思います。

もう一つこれに付け加えたいのはＴＰＰなんですが、ご存じのようにＴＰＰはクリントン候補が国務長官の時は、オバマ政権の閣僚としてＴＰＰの推進派の一人だったのです。ただ、大統領選挙になると、民主党の候補者のバーニー・サンダース氏、あるいは共和党の最終指名候補者になったドナルド・トランプ氏、この二人は徹底的にＴＰＰをたたいて、いかにＴＰＰがアメリカにとって不利な協定になるか、それによって失業者もたくさん出るし、アメリカの産業も相当な打撃を受けるだろうということで、サンダース候補もトランプ候補も直ちにこれは廃止しなければダメだという主張をしていたわけなんです。それで、去年２０１６年の選挙中、ミシガン州の予備選が3月にあったのですが、この予備選の世論調査の結果を見ると、民主党の予備選でヒラリー・クリントン氏がバーニー・サンダース氏より24ポイントのリードで勝つだろうとの予測だったのですが、ふたを開けてみると結果は1.5％差でバーニー・サンダースが勝ったのです。これには皆さん驚いたのですが、出口調査を見ると、ミシガン州の失業している人、特に白人男性で所得レベルや教育レベルの低い人ほどバーニー・サンダース氏に投票しているのです。なぜかというと、やはり貿易協定によって相当に失業者が出たりして打撃を受けていることが判明したのです。

ですから、マスコミは、クリントン候補のことを、バーニー・サンダース氏やトランプ候補と同様にＴＰＰに反対していると報道したのですが、実際には彼女の立場はもっと複雑な立場であり、彼女が言ったのは、「私が国務長官だったとき、TPP推進派だった。しかし、最終的な合意をみると、これは私にとって三つの条件を満たさないから、今の時点ではこれは支持できない」と言っているのです。この三つの条件というのは、一つ目はアメリカの雇用を創出するか、二つ目は、アメリカの労働者の賃金を上げるか、三つ目はアメリカの国家安全保障を推進するかという、この三つの条件を今の時点で満たさないから、支持できないということを言ったのです。

しかし、実際には彼女が大統領になっていたら部分的にTPPの修正は要求したと思いますが、究極的には彼女はTPPに賛成する用意をしていたと言えると思います。その一つの証拠は、去年の7月の民主党の党大会の数カ月前から、党の政策の論議がいろいろあった時に、バーニー・サンダース陣営は、政策公約の中に「TPPというのは直ちに廃止すべきだ」という文言を入れたのに対して、クリントン陣営は反対して、実際に最終的に入れた文言というのは、「将来アメリカが合意する貿易協定においては、十分に環境あるいは労働者の権利を保護する形の協定にすべきだ」というものでした。将来的に大統領になればクリントン氏が部分的に修正を求めるかもしれないけれど、TPPを可決する方向に議会にも働きかけるという用意をしていたわけです。ですから、これもたぶん実際に選挙がこういう結果になったことによって、相当変わりました。これが背景説明で、オバマ政権に関してはこれくらいにします。

大統領になったトランプ氏

次に、トランプ氏ですが、彼が大統領になる前、去年の5月頃に日本の雑誌の『中央公論』から、ドナルド・トランプ氏と日本について記事を書いてくれという依頼がありました。去年の5月の時点では、私はドナルド・トランプ氏が大統領になるとは予測していなかったので、ただ勉強のためにひとつ書いてみようかと思いました。それで、彼が書いた本を3冊読んで、彼のいろいろなところでのスピーチを30回ぐらい聞いて、彼についての記事を書きました。その結果分かったことは、ドナルド・トランプ氏というのは、1980年代から日本に対してかなり発言したりものを書いたりしているわけなんです。そして1987年時点で9万5千ドル払って、アメリカの新聞3紙（ニューヨーク・タイムズ、ワシントン・ポスト、ボストン・グローブ）に一面広告を出しました。

この広告の内容というのは、主に日本を批判しているのです。一つは、日本がアメリカの職を奪っているということ、二つ目は、日本はモノの輸出はするけれど、アメリカから何も輸入してしない、そして三つ目に日本は為替を操作している、そして四番目に、日本は防衛面でただ乗りをしているという主張を新聞広告に出したのです。そして1988年には、「オプラウィンフリー」という、当時非常に人気があったテレビ番組に出て、その番組の対談で同じようなことを主張し、１９９０年の『ＰＬＡＹＢＯＹ』のインタビュー記事で、また日本のことを批判しました。ですから、１９８7年以来、ずっとトランプ氏は日本に対してかなり厳しい見方をしているということが分かりました。

それからは、日本だけでなく、中国はもちろんそうですが、韓国とかベトナムとかメキシコとかいろんな国を追加して批判し、２０１５~16年の大統領選挙のキャンペーンの中では、日本を含めた外国を相当に批判しました。ですから、日本の中では、トランプ氏のそれまでのいろいろな発言があったために、彼が大統領になったら、相当に日米関係が変わるのではないかと懸念する人が結構いたと思います。

しかし、実際にトランプ氏が大統領になってから日米関係がどうなっているかというと、特にそんな悪い方向に行っているわけではないと思います。これにはいろいろと理由があると思います。それについて、これから説明致します。

その前に、一つ、特にトランプ政権の貿易政策について簡単にお話ししたいと思います。選挙キャンペーン中、ＴＰＰは徹底的に批判して、ＮＡＦＴＡ（北米自由貿易協定）に関しても批判的だったわけですが、大統領になった1月20日の就任式の数日後の1月23日、実際にＴＰＰから離脱するということを決定しました。最初は北米自由貿易協定からも離脱するという宣言はしたのですが、結果的にはこれは再交渉するという結果になり、実は今そういう作業が始まっていて、メキシコとカナダの政府担当者と再交渉しているわけです。ただ、再交渉といっても、中身は二つあります。一つは、この協定は20年ぐらい前につくられたものなので、それ以後の20年というのはＩＴとかプライバシーの問題とか知的所有権の問題など、技術の発展に伴って新しい課題がいろいろと出て来ているわけです。この新しい課題というのは、ＴＰＰでは議論され検討されたことなのですが、そういう新しい課題を追加するという部分が一つです。

これに関しては、メキシコもカナダ政府も同意しているわけです。この20年間の、とくに技術改革、技術発展によって新しい課題をＮＡＦＴＡに盛り込みましょうというわけです。これに対してはお互いに同意しているわけなんですが、それに加えて、トランプ政権としては、こういう貿易協定というのは、外国が得をしてアメリカが損をしていると主張しているわけです。トランプ大統領の基本的な姿勢というのは、アメリカが前と比べると相当弱くなっている、ある意味、けがをしていて、本来の力を発揮できないくらい弱くなっている。弱くなっているその大きな理由というのは、アメリカは戦後、いろいろと他の国の負担をしているからだというのです。経済援助もしているし、貿易面では市場を開放し、他の国がアメリカにモノが売れる市場を提供し、安全保障面においても、他の国の安全保障を担保している。つまり、いろんな意味でアメリカがこれだけ負担を負っているので、それだから弱くなっているのだというわけです。だから、もう他の国は一人前に自立してやっていけるだろうから、我々アメリカはいろいろな問題を抱えているので、他の国の面倒を見る余裕はもうない。これが、彼の基本的な考えだと言えると思います。ですから、TPPに関してもNAFTAに関しても、あるいは韓国との二国間協定においても、もっとアメリカが有利な形に再交渉しようというのが彼の基本的な考えです。

彼は政府の経験もないし、政策の経験もない。政治の経験がない。ゴシップの経験もない。彼はビジネスマンであるけれども、ビジネスマンとしては、大手企業に入って、下から昇格して上に昇り詰めるという典型的なビジネスマンの経験を持っているわけでもない。ビジネススクールを出てから、すぐに父親が経営している不動産会社に入ったわけですから、父親以外の上司はいないし、株主もいなかったわけです。そして、取締会もないということで、オーナー社長的な経営方式で今までやってきて、ある程度は成功したわけです。そういう意味では、彼は多国間の知的所有権を保護するための枠組みを作るとかといった政策重視よりも、むしろ二国間の交渉の方がアメリカにとっては有利だろうと考えたわけなのです。多国間でやると、アメリカが不利な立場に追い込まれる可能性があるけれど、しかし二国間でやると、アメリカはまだある程度は力があるから、二国間協定ならアメリカに有利な方向に持っていけるはずだと考えたわけです。これは、ある意味では不動産業の経験者であるから、不動産の物件を買うとか売却するとかいう交渉事という感覚で物事を見ている面がかなり強いのではないかと思います。

彼の本を読むと、非常にディール、取引をしてまとめるということができることに誇りを持っている人なのです。何回か破産もしていて失敗もしていますが、全体からみると不動産業で成功しているということで、それをそのままワシントンのホワイトハウスに持ち込んだという格好になっているのではないかと思います。アメリカの政治の専門家は、特にワシントンのことに詳しい人たちから見ると、トランプ氏は異例な人物であり、いろんな意味でこういう大統領は経験したことがないということになります。ワシントンの経験もない、軍の経験もない。例えば利益相反の問題というのも、相当いろんな形で発生しているわけなんですが、トランプ氏はあくまでもビジネスマンですから、利益相反の感覚も、普通の政治の指導者とは異なっていると言われています。

日米関係についてもう少し詳しく話しますと、ご存じのように11月8日の大統領選挙では、実は9日に結果が出たのですが、日本の政府関係者から私が聞いた話ですが、アメリカでも専門家の間では95%以上の予測でしたので、政府もクリントン候補が勝つのではないかと、日本もたぶんそういうふうに考えていたと聞いています。ところが結果を見て、安倍総理としては、できるだけ早くトランプ次期大統領と会う必要があるということで、ちょうどペルーのリマにおいてAPECの会合が11月中旬にありましたので、その途中にニューヨークに立ち寄り、11月17日、選挙から10日もたたないうちに、安倍総理とトランプ次期大統領とは会合したのです。この会合も、非常にいい会合だと報道されていますし、実際に和やかでいいミーティングだったと聞いています。

また、トランプ氏が大統領になってからの今年の2月10日に首脳会談がワシントンD.C.で開催されました。私はアメリカのあるニュース番組から出演して分析してくれという依頼がありましたので、彼の記者会見をかなり注意深く見たわけです。これを見ると、トランプ大統領は国務省が用意した文章を読み上げるだけで、特に自分の意見にはあまり言及しなかったのです。その1週間ぐらい前に、マティス国防長官が日本と韓国を訪問し、安全保障上はオバマ政権と同じように二国間の安全保障条約をそのまま継続するとか、あるいは尖閣列島は日米安全保障条約の第5条を適用するとか、前の政権と全く同じことを実施するとマティス国防長官は日本側に伝えました。ということで、安全保障上は全く何も変わらなくて、継続性が保たれたわけです。

2月10日の首脳会談の後の記者会見で、トランプ大統領は、「日本というのは、アメリカにとってはアジアにおける平和と秩序の礎である」という文章を読み上げました。実はこの「礎」＝「コーナーストーン」という言葉は、ヒラリー・クリントン氏が2009年1月に、国務長官に就任するために議会の上院の公聴会で使った言葉だったのです。ですから、トランプ氏は、過去の政権のことをすべて覆したいということを言っているようですが、実際には安全保障に関しては、継続性が目立つわけです。

ただし、経済においては、若干前の政権とは違う表現を使いました。今後の日米経済関係は、自由で公正で「レシプロカル」であるべきだという言葉を使ったのです。これは相互主義といったらいいでしょうか、彼の感覚では、今までは日本が得をしているので、今度はアメリカも得できる平等な経済関係を構築したいという、「両方の国が恩恵を受ける関係を構築したい」と、その記者会見で言ったわけです。日本側は、トランプ政権が誕生することが11月9日に判明していましたので、それからは政府としてトランプ政権にどう対応するかということをいろいろと検討した結果、日本側からアメリカに対しては、日本の企業が直接投資をすることによってアメリカの経済に貢献しようということになりました。特にトランプ候補は、「アメリカに雇用を創出する。石炭産業、鉄鋼産業、自動車産業を含めて製造業をアメリカに戻す」というが、彼の選挙公約の一つだったのです。ですから、それに貢献しましょうということで、日本企業が自動車産業も含めてアメリカに投資することによって雇用を創出する、あるいは技術移転するとか税収に貢献するという提案を持って行きました。それで、アメリカ側もそれに同意し、麻生副総理とペンス副大統領を議長とする二国間経済協議をすることに合意したわけです。

実際問題として、日本側は大変な準備をしていたわけですが、アメリカ側にはまだ問題が二つありました。一つに、まだ重要ポストに人が就いてないということがあります。普通アメリカでは4年に1回政権が交代するわけですが、新しく4千人が外から政府に入ってきて、そのうちの1200人ぐらいが議会の承認が必要となります。さらにそのうちの750人ぐらい、つまりもっと重要な閣僚や副長官とか次官、次官補のポストに就くわけです。普通でしたら、新政権が発足して遅くとも6月ごろまでに重要ポストが埋まるわけですが、今回のトランプ政権の場合は、750人のうちの200人くらいしかまだ埋まっていないのです。実際には、何人かは任命は受けているけれども、まだ議会の承認を受けていない人もいますので、ポストに就いて仕事をしている人は200人ぐらいしかいないのです。

これにはいろいろと理由があるのですが、今日はこのことは時間の関係で省略しますが、そういう状態なので、実際に総務省では次官、次官補のポストは埋まっていませんし、国務省でもアジア太平洋地域担当の次官補のポストは、任命さえまだされていないのです。普通は、任命されてから身体検査となり、FBIの調査やホワイトハウスの調査を受け、それから議会の承認という流れで、数週間から数カ月掛かる過程なのですが、このような重要な人事、例えばアメリカからソウルに行くはずの韓国大使の人事も、まだ任命も受けていないのです。そういう意味で、非常に人事が遅れているということが、一つの理由としてあります。そのために、二国間の経済協議がなかなか進みませんでした。

トランプ政権の優先課題

もう一つは、トランプ政権の優先課題という点でいうと、NAFTAの再交渉というのが今の時点ではプライオリティが高いので、カナダとメキシコとの協議を開始しているわけです。ライトハイザーという新しい通商代表を選びましたが、実は私が1985~1990年に通商代表部に勤めていたとき、彼は次席の通商代表として通商代表部にいた人なんです。彼がNAFTAの担当で交渉を始めているんですが、通商代表部というのは組織としては非常に小さい組織で、人数も限られています。そういうことで、NAFTAの再交渉をしようとすると、ほとんどそれに時間も人員も費やさなければならなくなります。そしてその後に、韓国との二国間協定の再交渉ということも優先課題ですから、日本との経済交渉というのは数カ月後になるのではないかと見られています。

ただ、一つ言えることは、トランプ大統領がTPPから離脱したことによって、アメリカの業界の中には「相当自分たちは損している」と見ている業界もあるのです。もっとも目立つ例は、牛肉産業です。牛肉業界というのは、皆さんご存じのように日本にアメリカから牛肉が輸入されて入るとき、38・5%の輸入関税が適用されるのですが、オーストラリアからの輸入牛肉は27・2%なんです。なぜかというと、日本とオーストラリアはすでに二国間の貿易協定を結んでいるので、それによって27・2%に下がっているのです。さらに、オーストラリアと日本の貿易協定の結果で、数年後には19％にまで下がることになっているのです。ですから、今のままでいくとアメリカは38・5％で、オーストラリアは19％ということになって、倍以上アメリカの関税の方が高いということになり、そうするとアメリカの牛肉産業は不利な立場に置かれることになります。

もしトランプ大統領がＴＰＰを離脱しなかったら、最終的にはＴＰＰでオーストラリアもアメリカも日本に輸出する牛肉は９％となって、同じ関税レベルになるはずだったのですが、離脱したことによって、アメリカの業界がかなり被害を被ったということになります。ですから、アメリカの牛肉産業の皆さんは積極的に通商代表にロビー活動して、できるだけ早く日本と交渉を開始して欲しいというプレッシャーをかけていることは事実です。しかし、今の政権での優先課題から言うと、ＮＡＦＴＡとか韓国との二国間の再交渉が優先課題ですから、日本との交渉はまだ先の話になるのではないかと思っています。

もう一つ、この首脳会談で目立ったことは、トランプ大統領自身が「安倍総理に対して非常に相性がいい」ということを自分で言っていて、〝We have a very good bond, very good chemistry.〟と安倍総理のことを褒めています。たぶん安倍総理は、政策面ではオバマ大統領と、特にＴＰＰのことなど共通点がたくさんあったわけですが、個人的な相性からいうと、安倍総理とトランプ大統領のほうがいいのかもしれないと思います。

ペンス副大統領が今年4月に来日し、そのときにも二国間の経済対話というのを正式に始めるということで来日したわけですが、ここでもあまり突っ込んだ話はできなくて、これからどういう話をしようかという枠組みのところまでしかできませんでした。ただ、日本側としては、ペンス副大統領が訪日したとき、最も避けたかったことが三つあります。一つは、二国間の自由貿易協定の交渉は日本側はしたくないということで、二つ目は、為替の話はする必要はないという姿勢、三つ目は、安全保障と貿易というのはあくまでも別々にすること。この三つはリンクしたくないというのが日本政府の立場でした。4月の会合では、アメリカ側はこれに応じて、特に問題はなかったと聞いています。

今後の日米関係の見方

それではレジュメの二枚目に移ります。二国間の経済対話というのは、日本側から見ると、アメリカ経済に貢献し、トランプ大統領の選挙公約の「雇用を創出する」ことに貢献できると見ていて、特に日本側の希望としては、これが成功すれば、トランプ政権は特にそれ以上のことを日本に要求しないということを伝えてはあるのですが、牛肉とか自動車などTPPにおいて扱われていた幾つかの課題を、TPPではなく二国間の場で取り上げたいというのがアメリカの基本的な姿勢だと思いますので、将来的には、こういう課題がアメリカ側から出てくると思いますが、まだ先のことだと思います。

アメリカの政権が発足するときにいつも言われていることは、「人事が政策である」ということです。どういうことかというと、日本の場合は組織がしっかりしていますので、例えば、財務省とか経済産業省とか外務省で、局長とか次官が替わることによって、若干政策が変わる可能性はありますが、個人によって大幅に変わることはあまりないと思いますが、アメリカの場合、官僚機構が相対的に弱いということがあります。大統領制度は、大統領が自分に忠誠心を持っている人を重要ポストに抜擢するという制度ですから、政治的任命を受けて政府に入る人というのは、大統領の方針や政策を実行する人たちということになります。ですから、場合によっては、今のトランプ政権もそうですが、前の政権とは全く違う方向に物事を持っていくこともあり得るのです。

例えば、環境問題に関してもパリ協定から脱退するとか、TPP離脱、あるいはまだ成功はしていませんが、「オバマケア」と呼ばれる健康保険制度も廃止したい。さらに、大幅減税とか規制撤廃とか、また特に環境に関しては、エネルギー省の長官のリック・ペリーという元テキサス州知事などは、「エネルギー省なんかはもう廃止すべきだ」ということを言っている人ですし、EPA（環境保護局）のトップのスコット・プルイットは、政府に入る前は長官になったその組織に対する訴訟をした人です。ですから、環境保護政策に関しては、前の政権とはがらっと変えようとしているわけです。そういう意味では、アメリカでは、誰がどのポストに就くかによって、相当に政策そのものが変わるというわけです。

今のトランプ政権を見ますと、これは対日政策のことを考えてのことだと思いますが、たぶん四つの勢力グループがあると言えると思います。一つは、いわゆるアメリカ第一主義的な考えを持っている人。象徴的だったのは、スティーブン・バノンというホワイトハウスの特別戦略顧問ですが、彼は最近政権を辞めたのですが、辞めても外から、ブライトバート・ニュースというメディアの組織を使って、トランプ政権の政策や人事に影響を行使しようとして、その努力もしているので、バノン氏が政府の中に居る場合と外に出る場合では、どちらが影響力があるかはまだはっきりしない段階です。彼は政府を辞めても、彼の考えと似た考えを持っているスティーブ・メルロ氏とか、ピーター・バロー氏とか、まだ何人かホワイトハウスに残っているわけです。彼等は「アメリカ第一主義」的な考えのグループです。

そして二つ目のグループは、経済界です。特に財務長官のムニューチン氏、国家経済会議（NEC）議長のコーン氏、あるいは国務長官のティラーソン氏の3人は、経済界出身の人です。特にムニューチン氏とコーン氏は、ゴールドマン・サックス、ティラーソンは石油会社の元社長ということで、彼らはどちらかというとグローバルな視点を持っていて、割合に自由貿易主義的でもありますし、貿易戦争を好むことは決して考えていません。この人たちは結構グローバルな視点を持っている人たちで、これが二つ目のグループです。

三つ目のグループは、元軍人です。これは国防長官のマティス氏、あるいは国家安全保障会議の議長のマクマスター氏、あるいは大統領首席補佐官のケリー氏、この3人は軍出身で、彼らとしたらアメリカが今までリードしてきた世界の体制、特に世界秩序を守りたいという考えの人たちです。マティス氏とかマクマスター氏というのは軍人出身なんですが、軍人の中でも非常に勉強家で、マティス氏はたくさん本も読んでいて、歴史をよく知っていると評判です。またマクマスター氏という国家安全保障会議の議長は歴史家で、大学で歴史学の博士号を取った人で、彼は本を出版しています。これはベトナム戦争の意志決定過程に関する分析です。ですから、軍人出身ですけれども、わりに歴史を理解しているということで、ある意味、安定性、物事を慎重に考える人だと期待できるわけです。

四つ目の勢力は、大統領とその娘のイバンカさん、さらに娘婿のジャレッド・クシュナー氏です。この人たちは、もともとビジネス出身で、必ずしもイデオロギー的に強い信念を持ってはいないようです。ただ、大統領自身は、最初の「アメリカ第一主義的な考え」を基本的に持っていると言えると思います。ドナルド・トランプ氏が大統領になる前から今までの経営スタイルをみると、彼は自分に対して忠誠心を持っている人をどんどん雇い、彼らが持っている意見というものは必ずしも一致していなくて、お互いに議論したり結構戦ったりしているのです。でも、いろいろな議論を聞いて、最終的には自分が決めるという方式で物事を決めていたようなので、そういう意味では、当事者自身もどういった結果が出てくるかを予測するのは難しいわけです。

もう一つ言えることは、本来ならホワイトハウスの中の一つの組織、意志決定過程というものがはっきりしていて、どういう形で物事を決めるかというプロセスを行う場合、そこで最も重要になってくるのが、大統領首席補佐官になります。しかし、ラインス・プリーバス氏という元共和党全国組織のトップを務めた人が、最初の7カ月近くを大統領首席補佐官として務めたのですが、彼はあまり経営とか管理ということの経験がない人だったということで、ホワイトハウスの中でも混乱が生じてしまって、勝手に大統領の部屋に行って発言したり陳情したりという人が出て来て、あまり思慮がないと言われたのです。特にオバマケアを廃止しようとしたとき失敗して、議会との関係も含めて、もう少し秩序をしっかりしたほうがいいということで、ラインス・プリーバス氏に辞めてもらって、ケリー氏という元軍人の人を主席補佐官にしました。

彼は、この1~2カ月の間にある程度の秩序をつくって、大統領に会える人を制限したり、誰がどういう発言をするとか、そういうことも含めて整理をしていきました。ですから、前よりは少しは正常なホワイトハウスの機能に移行しているようですが、しかしよく指摘されるように、大統領本人がそういう秩序を好まない人なので、どこまで主席補佐官がそれを矯正できるかということに関しては、いろいろ疑問があります。一部の見方では、ケリー氏は相当努力しているけれど、なかなかいろんな点で彼がやろうとしても決行できないということで、彼も相当に苛立ちがあって、彼がどのぐらいもつだろうかという意見もあるようです。

四つの勢力があると申しましたが、その都度どのグループが最も影響力があるかということを見る必要があると思います。今の北朝鮮問題のことを考えると、トランプ大統領自身は、アジアの歴史、韓国の歴史、朝鮮半島の歴史についてあまり勉強もしていないと思いますので、彼も自分のことを批判されたら感情的に相手を非難するというやり方のようですから、やはりこの問題に関しては、基本的にはマティス国防長官、あるいはマクマスター氏という国家安全保障会議の議長が主導権を取っています。私が聞いた限りでは、日本のＮＳＣのトップの谷内正太郎さんとアメリカのＮＳＣトップのマクマスターさんとの関係は非常にいいもので、頻繁に電話でも話をするし、数週間前にはサンフランシスコで実際にミーティングをしたりしています。そういう意味では、アメリカと日本の今のＮＳＣと外務省、あるいは日本の防衛省とアメリカの国防省の関係は非常にいい関係です。常に連絡を取っていると見ています。そういう意味では、北朝鮮問題に関しては、日米の連携、特に韓国との関係も、文《ムン》大統領が実際に大統領になってからは、北朝鮮に対してはもう少し現実的な姿勢を示していますので、つい最近でしたか、韓国とアメリカの大統領と安倍総理の三者での会合がニューヨークであったのですけれども、この3人の関係というのはいいものではないかと私は思います。

ただ、率直に言いますと、トランプ大統領の国連の演説というのは、どちらかというと必要以上に挑発的な発言ではないかと見ている人は多いと思います。実はアメリカの北朝鮮の専門家たちも、あれだけ北朝鮮のことを「破壊する」というようなことを言うと、まさに北朝鮮が言ってもらいたいことを言ったとみる向きもあります。要するに、北朝鮮軍としては、まさにアメリカが北朝鮮を破壊しようとしているからこそ、我々には核が必要だという、そういう論理になるのではないかということで、相当懸念しているアメリカ人がいることも事実だと思います。ただ、これはトランプ大統領の今までの交渉術に基づいて彼は行動しているのではないかと思います。マティス国防長官、マクマスターNSC長官は非常に冷静で、現実的なプロフェッショナルですので、そういう意味では、安心できるのではないかと思います。

後に質疑応答の時間も残したいので、残りを数分でまとめたいと思います。トランプ政権になってから一つの大きな課題は、大統領自身が必ずしも一貫性がなくて、言うことがその都度変わるという点です。NATOに関しては、「あれは時代錯誤の組織で、もう必要性がない」と言ったり、あるいは「NATOは結構重要だ」と言ったりしています。今回の国連に関しても同じで、ずっと国連のことを軽視していたのに、北朝鮮問題が発生したということで、国連では「皆さん、結束して北朝鮮に立ち向かいましょう」と言ったりしています。また中国に関しても、選挙キャンペーン中は、「中国は為替を操作して、不当な貿易慣行を実行しているので、大統領になったらすぐに制裁措置を取る」とか「すぐに関税を75％にする」という発言はあったのですが、習近平とフロリダで会談した後は、北朝鮮問題を解決するために中国に協力を頼んでいるから、中国に対してはあまり批判はしないと言ったわけです。また、シリアに関しても、「オバマ政権はあまりにもシリアに関与している。あれは無視したらいい」と言いながら、ミサイル攻撃を突然にしたりするわけです。あるいは、輸出入銀行に対して非常に否定的だったのに、大統領になってからは少し肯定的になって、ＮＡＦＴＡに関しても、彼はもともとは離脱すると言いながら、実際には再交渉となったりしています。たぶん30～40ぐらいの重要課題について、意見が変わっていると思います。

そしてもう一つ言えることは、彼が言うことと、国務長官が言うこと、あるいは国家安全保障会議の議長が言うことが必ずしも一致していないので、どこが真実かを把握するのが結構難しいことだと思います。例えば、韓国におけるアメリカのミサイル配備に関しても、数カ月前までは、トランプ大統領は「これは全部韓国が負担すべきだ」と言っていたのが、マクマスターＮＳＣ長官は「これはアメリカが負担する」と言ったりして、大統領とは全く違う発言となっています。このように、外に対するメッセージの一貫性というのが必ずしもないということで、これも不安要因の一つになっているのではないかと思います。

もう一つ、トランプ大統領は、選挙キャンペーン中に「他の国がアメリカという国を予測できるということが問題である」と言っていました。予測できない方がいいという発言です。ですから、彼の考えでは、不動産の交渉をしているときには、最初から手の内を全部見せてしまうと、交渉が不利な立場に置かれるので、常に相手に、自分がどういう行動を起こすかということを分からないようしなければだめだ。キッティン・ゲシング（子猫の推測）と、いうのが得意なんです。ですから、すべての選択を残すという姿勢ですので、そういう意味からも予測が難しいということになるかと思います。

同盟関係というのは、やはりお互いに国の間の信頼関係が必要なので、お互いに行動を予測することが基本だと思うのです。予測できる関係でなければ、信頼を構築するのは難しいので、先ほども話しましたが、トランプ大統領はビジネス出身で交渉前の交渉をすることに慣れている人なので、国との同盟関係とかそういう感覚というのがないので、予測可能性とか信頼性ということについてはあまり重点を置いてないということが言えると思います。

そろそろ時間が来ましたので、最後に結論として申し上げたいことは、トランプ大統領の一つの特徴として、政権発足から6カ月経っているわけですが、まだ外交面で、「トランプ・ドクトリン」とか「トランプ政策」「トランプ・ビジョン」ということ、何が外交において最も重要かということに関する体系的な青写真が出て来ていないということがあります。彼は就任演説のとき、「アメリカをまた偉大な国にしたい」ということを繰り返し言っていましたが、それ以上に具体的に何が優先課題で、どういう戦略でどういうビジョンでこれを実現するかということに関しては、まだはっきりした答えは出ていないと思います。これは、彼の今までの経験からいって、不動産業で成功するためには特に長期ビジョンや長期戦略といったものは必要なかったのかもしれません。その都度その都度に関する交渉でうまくいけばよくて、むしろ戦術の方が重要であって、つまり取引が重要であって、関係とか継続的な戦略より、その都度の物件の交渉、そういう感覚で今までやってきていたので、これが変わるかどうかということについては、ちょっと見どころかなと思います。

私は5年前にアメリカに戻りましたけれど、その前の22年間、日本で仕事をしました。アメリカ企業4社と、ヨーロッパ企業1社の仕事をやっていたのですが、私が外国人として外から日本を見て感じたことは、日本という国は他の国と比べて、どちらかというと安定性を求める国です。安定性、継続性、予測可能性、信頼性、あるいは日本の場合はけっこう前例主義、長期的人間関係を重要視する国ではないかと思います。これには良い面も悪い面もあるのですが、これと対照的に、トランプ大統領という人は、安定性を好まない、一貫性を好まない、予測性を好まない、あまり信頼性というのに重点を置かない人です。どちらかというと、ものを破壊する、取引に重点を置くという性格の人なので、そういうことで見ると、日本のやり方と相当違うのではないかと思います。

ただ、先ほど話したように安倍総理との人間関係は、わりあい良さそうであるということと、今は特に北朝鮮という共通の課題、共通の敵があるということがあって、今の時点では日米関係はわりあいに良い関係ではないかと思います。しかし、トランプ氏自身は予測しにくい人ですから、今の時点でわりあいによい日米関係で、特に安全保障上よい密接な関係だと思うのですが、今後かなり注意深く見守る必要があるのではないかと思います。

時間が超過しましたが、一応私の話はこれぐらいにさせていただきます。もしご質問がありましたら、このあとにお受けしたいと思います。皆さん、どうもご清聴ありがとうございました。

杉山　フクシマ先生、どうもありがとうございました。少しお時間がございますので、ご質問がありましたら挙手をしていただいて、ご質問していただければと思います。

来場者1　アメリカ国民はトランプ氏を大統領に選んだわけですが、トランプ大統領を辞めさせたいという声もあるわけなんですが、アメリカの制度の中で、大統領を辞めさせるということができる制度というのはあるんでしょうか。

フクシマ　先ほど話したようにアメリカは非常に分断しておりますので、世論調査の結果によると、トランプ大統領のことを支持している人は、だいたい3割ぐらいのようです。しかし、相当批判的な人も多くいます。日本ではそれほど詳しく報道されていないかもしれませんが、選挙の結果そのものが7万7千票の差でトランプ氏が勝った訳なのです。これはどういうことかといいますと、ミシガン州で1万票、ウイスコンシン州で2万2千票、ペンシルバニア州で4万5千票、ドナルド・トランプ氏がヒラリー・クリントン氏より多く取ったということによって、その3つの州の選挙人が全部トランプに入ったことになりました。それによって、必要な270の選挙人を獲得したことになり、7万7千票で勝ったわけです。実際の一般投票を見ると、ヒラリー・クリントン氏の方が300万票くらい多く取っているわけです。ですから、彼は僅差で勝っていて、ヒラリー・クリントン氏が先週出版した本に書いてありますけれども、「10月28日のFBI長官のコミーの書簡が議会に提出されていなかったら、要するにメール問題が発覚したという書簡がなければ、私は大統領になっていたはずだ」とあり、これは正しいと思います。コミー氏の書簡とロシアのハッキングが、相当に選挙の結果を左右したと思います。

それで、ご質問にあった大統領に辞めてもらうやり方ですが、これは基本的には「弾劾」です。弾劾するためには、下院がこれを開始しなければなりません。いま下院は、共和党が過半数を取っているので、余程のことがなければ、トランプ氏に対する弾劾手続きは始められません。しかし、来年中間選挙が11月にありまして、下院が民主党過半数になる可能性がけっこうあるのです。もしトランプ政権の支持率が4割以下であれば、下院で民主党が過半数になる可能性が相当にあると言われているので、そうなると民主党が過半数を取って弾劾手続きを始める可能性が高いわけです。

弾劾手続きを始めたからといって、大統領を辞めさせることは必ずしも簡単ではないのですが、手続きを始めるということによって、大統領が4年間全うするとしても、実質的には最後の2年間というのは政策はほとんど遂行できないかたちになってしまう可能性が出てきます。ですから、4年間全うしても、実質的には2年間の政権だという可能性があります。

もう一つは、憲法25条という規定がありまして、これは1967年に修正して憲法に盛り込まれたものですが、副大統領と閣僚が、大統領が大統領としての仕事ができないと判断すれば、それを理由として大統領に辞めてもらうことができるというものです。もし大統領がそれに反対したとすると議会にかけて、議会が同意すれば大統領を辞めさせることができるという憲法上の規定です。今まで一度も使われたことはないのですが、これを使ってトランプ氏を辞めさせようという動きもあることはあるのです。ただ今の時点では、共和党としては、ドナルド・トランプ氏が想定外で勝ったことによって、共和党としてやりたいオバマケアの廃止とか大幅減税とか規制撤廃とか、そういう共通の利益があるということでトランプ氏を支持しているのですが、もしトランプ氏に対して、例えばムラー特別検察官の調査でロシア疑惑について、相当にトランプ氏に対して不利な情報が出て、共和党としてはドナルド・トランプ氏と一緒になっていることが自分たちに不利になると判断をすれば、共和党も彼から離れる可能性があるわけです。

ですから、ムラー検察官の調査結果と、下院議員の過半数が民主党になるということ、そして憲法25条を使うという、この三つによってトランプ氏がいつまで大統領を継続できるかということが決まると思います。彼自身が自ら辞めるということは、あまり可能性はないと思います。

来場者2　二つのことをお伺いしたいと思います。アメリカからアメリカ人として日本をご覧になっての、一つは経済政策について、二つ目は、現在の政治状況。経済政策は、ゼロ金利政策が今続いているのですが、インフレのターゲットが2％ということですが、原油もずっとＯＰＥＣが崩壊した状況ですし、インターネットがＢ to ＢではなくＢ to Ｃで、トイザらスが倒産するような状況ですし、おそらく日本の経済政策が、つまり政府が打っている金融政策が、もうこのままでは続かないと思うのですが、これをどうご覧になっているのか。

そして政治の方で、来月衆議院が国会の冒頭で解散されて、自民党と民進党、そして都民ファーストが国民ファーストということのようですが、日本に本当に二大政党ができるのでしょうか。私はちょっと無理なんじゃないかと思うのですが、そのあたり、いま日本が置かれた政治をどのようにご覧になっているか、ご感想をお願いします。

フクシマ　私は今アメリカに住んでいますので、日本とは距離があって、そんなに毎日の出来事を詳しくフォローしているわけではないんですが、経済に関して言いますと、もともと私は、アベノミクスの3本の矢の一本目と二本目、金融と財政に関しては、ある程度成果は出たのですが、三本目の矢、つまり構造改革と長期的経済発展にもっと重点を置く必要があると思うのです。ですから、この三本目の矢に重点を置くことと、もう一つは、人口減少についての対策がもっと必要ではないかと思うのです。人口問題に対応することは結構長期的な課題であり時間もかかるのですが、やはり人口減少はもっと子どもが増えることと、ある程度は外からの人材を活用するということで変わっていくのでしょう。この人口減少ということは日本にとって経済生産性、社会の活力という面から相当影響があると思いますから、私は三本の矢と人口減少、この二つの課題にもっと力を入れれば、日本経済の再生も可能ではないかと見ています。

二番目の政治に関しては、これも外から見ているわけですが、基本的には日本の有権者の選択ですから、有権者が今の状態に満足しているのであれば、私が外からコメントする立場ではないと思いますが、率直に申しますと、アメリカ的な視点から見ますと、やはり健全な民主主義としては、二大政党、あるいは政権交代が可能な政治が好ましいのではないかと思います。そういう意味では、今の政治がこれからどういう方向に行くかというのは、私もよく分からないのですが、経済でも政治でも競争があるということは重要だと思います。競争が可能で、有権者に選択があるということが重要だと思います。競争があるということは、経済でも政治でも同じで、やはり活力につながると思います。外から見る人間としては、日本の政治においてももっと競争があれば好ましいと、個人的には思っています。

杉山　ありがとうございます。まだたくさんの質問があるかもしれませんが、時間が過ぎておりますので、このあたりで終了したいと思います。

最後に、経済同友会代表幹事の松田正己氏に閉会のご挨拶をお願いしたいと思います。

閉会のあいさつ

岡山経済同友会代表幹事　松田　正己

本日は就実大学と私ども岡山経済同友会の共催で、グレン・S・フクシマ先生をお招きしての講演会に、熱心にご聴講いただきありがとうございました。

フクシマ先生は、冒頭に杉山先生からご紹介がありましたように、80年代の日米貿易摩擦のころから米国の通商代表部でその調整に当たられ、またその後は経済人として、日本でいろいろな企業において第一線で活躍され、今はワシントンD．C．で活躍されているということで、日米関係を最も分かって熟知された先生から、本当に勉強になるお話を聞かせていただきました。

トランプ大統領というのは、その行動原理といいますか、政治も行政も知らず、また最初からオーナーのような立場で、組織の中で調整する経験もあまりない方だというお話でしたが、政治の眼目というのは調整であり合意形成であるはずなのに、敵をつくってそれと戦うという姿勢を続けているような感じだということがよく分かりました。そういう意味では、単純な行動原理で政治をやられているのかなと思いました。

ある意味で怖い面もありますけれども、安倍政権が来月の総選挙でどうなるか分かりませんが、たぶん安倍政権が継続されると思います。その安倍さんとの相性がいいということですので、11月に初来日ということでございます。トランプ大統領と安倍首相がどういう話をされるのかということも、今の話を伺う中で感じることも多々あろうかと思います。多くの示唆に富むお話だったと思います。本当に、今日はフクシマ先生、ありがとうございました。

就実大学経営学部

現代社会が抱える多様な問題について、主にビジネスの観点から学ぶ学部。グローカルなマネジメント能力を身につけるカリキュラムで理論や実践を学び、ビジネスプロフェッショナルでありしかもグローカルな人材を育成する。グローカル人材とは、グローバルな視野を持ちながら、ローカルなニーズに対応できる人のこと。創立110周年を迎えた就実大学に2014年4月設置。

就実大学 / 就実短期大学 / 就実大学大学院

〒703-8516 岡山県岡山市中区西川原1-6-1
TEL：086-271-8111　FAX：086-271-8222
URL http://www.shujitsu.ac.jp/

トランプ政権と日米関係

2017年12月1日　初版第1刷発行

編　者――就実大学経営学部
装　丁――佐藤豪人（HIDETO SATO DESIGN）
版　組――小林ちかゆき
編　集――金澤健吾
発　行――吉備人出版
〒700-0823　岡山市北区丸の内2丁目11-22
電話 086-235-3456　ファクス 086-234-3210
印刷所――株式会社三門印刷所
製本所――株式会社岡山みどり製本

ISBN978-4-86069-534-7　C0037